BEI GRIN MACHT SICH IHR WISSEN BEZAHLT

- Wir veröffentlichen Ihre Hausarbeit, Bachelor- und Masterarbeit

- Ihr eigenes eBook und Buch - weltweit in allen wichtigen Shops

- Verdienen Sie an jedem Verkauf

Jetzt bei www.GRIN.com hochladen und kostenlos publizieren

Bibliografische Information der Deutschen Nationalbibliothek:

Die Deutsche Bibliothek verzeichnet diese Publikation in der Deutschen Nationalbibliografie; detaillierte bibliografische Daten sind im Internet über http://dnb.d-nb.de/ abrufbar.

Dieses Werk sowie alle darin enthaltenen einzelnen Beiträge und Abbildungen sind urheberrechtlich geschützt. Jede Verwertung, die nicht ausdrücklich vom Urheberrechtsschutz zugelassen ist, bedarf der vorherigen Zustimmung des Verlages. Das gilt insbesondere für Vervielfältigungen, Bearbeitungen, Übersetzungen, Mikroverfilmungen, Auswertungen durch Datenbanken und für die Einspeicherung und Verarbeitung in elektronische Systeme. Alle Rechte, auch die des auszugsweisen Nachdrucks, der fotomechanischen Wiedergabe (einschließlich Mikrokopie) sowie der Auswertung durch Datenbanken oder ähnliche Einrichtungen, vorbehalten.

Impressum:

Copyright © 2017 GRIN Verlag, Open Publishing GmbH
Druck und Bindung: Books on Demand GmbH, Norderstedt Germany
ISBN: 9783668543447

Dieses Buch bei GRIN:

http://www.grin.com/de/e-book/376540/tod-und-trauer-im-judentum

Yasmin Sedighi, Esther Twardella

Tod und Trauer im Judentum

GRIN Verlag

GRIN - Your knowledge has value

Der GRIN Verlag publiziert seit 1998 wissenschaftliche Arbeiten von Studenten, Hochschullehrern und anderen Akademikern als eBook und gedrucktes Buch. Die Verlagswebsite www.grin.com ist die ideale Plattform zur Veröffentlichung von Hausarbeiten, Abschlussarbeiten, wissenschaftlichen Aufsätzen, Dissertationen und Fachbüchern.

Besuchen Sie uns im Internet:

http://www.grin.com/

http://www.facebook.com/grincom

http://www.twitter.com/grin_com

Der Tod im Judentum

von Esther Twardella und Yasmin Sedighi

Impulsfrage:
„Wie definiert ihr den Begriff Tod?"

Leitfrage: Was bedeutet der Tod im Judentum ?

 Man kann den Tod nicht ohne jegliche Bezugnahme auf das Leben erklären

Inhaltsverzeichnis

- Steckbrief zum Judentum
- 1. Phase
- 2. Phase
  - Wenn ein Jude stirbt
  - Die Beerdigung
  - Trauer
  - Friedhöfe und Gräber
- 3. Phase
- 4. Phase

Fazit

Steckbrief

- Entstehung vor 3000 Jahren
- Glauben nur an einen Gott (monotheistische Religion)
- 13-15 Mio Juden weltweit/ 100.000 in Deutschland
- Judentum ist auch ein Volk/ jüdischer Staat= Israel
- Kein geistliches Oberhaupt

Steckbrief

- Judentum beruht auf dem Tanach, dieser ist aufgeteilt in drei Bücher
  - *Die Thora*
  - *Nebi`im*
  - *Ketubim*

- Drei verschiedene Richtungen des Judentums
  - *Orthodoxes Judentum*
  - *Liberales/ progressives Judentum*
  - *Konservatives Judentum*

Vier Stationen der Seele

- spirituelle Energie der Seele geht niemals verloren, sondern wechselt nur ihre Daseinsform

- Gott hat die Seele so erschaffen, dass es ihr möglich ist, eine höhere Ebene zu erreichen

- Ebene der vollkommenen Zufriedenheit erreicht Sie nur, wenn sie sich selber aktiv für das Gute entscheidet

- Vier Stationen ermöglichen diese Reifung der Seele

1. Phase

- Seele liegt als spirituelle Einheit vor
- Die Seele soll in eine höhere Ebene aufsteigen
- Als Embryo wird einem die Tora gelehrt, man verdrängt sie nur bei Geburt
- Dadurch steckt die göttliche Wahrheit von Beginn an in unseren Seelen

2. Phase

- physische Phase (Seele lebt im Körper)
- verbirgt alles, was dieses Leben ursprünglich begründet
- unbewusste Erinnerungen der 1. Phase begründen unser Moralverständnis
- Diese Phase endet mit dem physischen Tod

Wenn ein Jude stirbt

- Kopf wird mir Tuch umwickelt
- Augen werden geschlossen und Füße Richtig Ausgang gerichtet, brennende Kerze am Kopf
- Totenwache= zeichnen des Respekts Toten gegenüber
- Spiegel werden abgedeckt und Wässer ausgegossen

Zeit bis zur Beerdigung

- Chewra Kadischa= ehrenamtliche Gruppe, die sich um den Verstorbenen und die Familie kümmert und Beerdigung organisiert
- Leichnam wird mit lauwarmen Wasser gereinigt
- Toten wird ein Sterbekleid angezogen

Die letzte Ehre

- Nur eine Erdbestattung erlaubt
- Beerdigung sollte innerhalb 24 Stunden stattfinden
- In Israel Bestattung in Leichentüchern; In Deutschland Sarg aus weichem Holz (Aron)
- Juden die nicht in Jerusalem bestattet werden legt man ein Säckchen Erde unter den Kopf

Die letzte Ehre

- Nach Absenken des Sargs wird die Heisped gesprochen
- Jeder Anwesende beteiligt sich mit drei schaufeln Erde an Beerdigung und spricht: *Denn du bist Erde und sollst zu Erde werden*
- Anwesenden reißen ein Stück ihrer Kleidung ein
- beim Verlassen des Friedhofes waschen sich alle die Hände ohne sie abzutrocknen

Was ist Trauer?

- Trauer ist nicht das Selbe wie Traurigkeit

Traurigkeit	Trauer
- Emotion des Verlustes	- komplexes, emotionales Reaktionsmuster auf Verluste
- universeller mimischer Ausdruck	- emotionale Vielfalt: Traurigkeit, Wut, Zorn, Verzweiflung

Trauer im Judentum

- Das Judentum gibt in der Thora feste Trauervorschriften vor

- Diese Vorschriften obliegen den Kindern, Geschwistern, Eltern und Ehepartner des Verstorbenen

- Den anderen Verwandten steht es frei wie sie trauern

Trauer im Judentum
Die Shiwa

- Die Shiwa beginnt nach dem Begräbnis und zieht sich bis zum morgen des 7.Tages hin
- Shiwa stellt eine Auszeit von der täglichen Routine dar
- Während der Shiwa müssen sich an Grundlegende Praktiken gehalten werden um den Verstorbenen zu respektieren

Trauer im Judentum
grundlegende Praktiken der Shiwa

- nach der Beerdigung erhalten die Trauernden ein Kondolenzmahl
- Die gesamte Woche der Shiwa hindurch verbleiben die Trauernden im Haus und sitzen auf dem Teppich
- Arbeit und Abwicklung von Geschäften ist während der Shaw verboten

Trauern im Judentum
Praktiken der Shiwa

- Während der Shiwa sollen andere Verwandte die Trauernden im Haus besuchen und sich über den Toten austauschen
- während der Shaw soll dreimal täglich das Kaddish gesagt werden
- Die Trauernden müssen auf jegliche Körperpflege verzichten
- auch Geschlechtsverkehr, Musik, Unterhaltung und das lesen in der Tora sind in dieser Phase verboten
- nach den 7 Tagen kehren alle zur Normalität des Alltags zurück

Trauern im Judentum nach Shiwa

- Nach dem Shaw sitzen kehren die Trauernden in ihren Alltag zurück
- Um die Eltern muss ein ganzes Jahr getrauert werden
- Um Geschwister, eigene Kinder und Ehepartner werden nach Shiwa 30 weitere Tage getrauert

Diskussionsfrage

- Die jüdischen Traditionen geben einen festen Trauerrahmen vor, wie beurteilt ihr das?
- *Ist es sinnvoll Trauerphasen zeitlich zu begrenzen?*
- *Gibt es positive Aspekte einer religiösen Traueranleitung?*
- *Zu welchen Konflikten könnte die personifizierten Trauergesetze führen?*

Unsere Meinung

- Es ist hilfreich in einer Phase der emotionalen Verwirrung, eine Struktur in seine Trauer bringen zu können
- Die Religion und Vorschriften begleiten einen in vielen Phasen also ist es nützlich, dass auch an die Trauer Gedacht wurde
- Die Zeitlichen Begrenzungen können Druck aufbauen und Trauernden das richtige Verdauen ihres Schmerzes erschweren
- Es ist absolut sinnlos und Familienmitglieder auszugrenzen

jüdische Friedhöfe

- jüdischen Gräber sind zur Ewigkeit angelegt
- Die Gräber werden in Richtung Jerusalem ausgerichtet
- Die Gräber werden eher schlicht gehalten
- Zur Erinnerung werden kleine Steine auf das Grab gelegt

Alter jüdischer Friedhof Prag

- ist einer der bekanntesten jüdischen Friedhöfe
- Auf den 12000 Grabsteinen befinden sich jeweils Symbole, die an Eigenschaften der Tote erinnern
- Der jüdische Friedhof existiert schon seit dem 12. Jahrhundert

3. Phase

- Gan Eden oder Gehnom ist dort, wo die Seele für ihre Taten auf der Erde belohnt oder bestraft wird
- Die Seele mach hier Erfahrungen ihres physischen Daseins auf andere Ebenen durch
- Erlebt all das Gute was sie vollbracht hat als Glückseligkeit
- Und alle Niederschläge als unglaubliche Qual
- Die spirituelle Qual reinigt und heilt die Seele von den durch ihre Missetaten zugefügten Wunden.

4. Phase

- Olam HaBa= allgemeine Belohnung
- Die gereifte Seele wohnt in ihrem Ursprungskörper
- Seele und Körper genießen vereint die Früchte ihrer Arbeit
- Der Tod und Unheil wird für immer verbannt sein
- Güte und Göttlichkeit sind Teil unseres Wesens

Antwort auf die Leitfrage

- Der Tod ist nur das Ende einer der vier Phasen unserer Existenz, an der vierten Station angekommen ist die spirituelle Energie der Menschen unsterblich.

- Er bedeutet Das Ende der Arbeit für die Seele, da sie ihren Reifeprozess, der sie zur höheren Ebene führt, auf der Erde erlebt.

Quellen

- https://de.wikipedia.org/wiki/Jüdische_Bestattung
- http://www.tod-und-glaube.de/judentum.php
- http://www.jenseits-welten.de/jenseitsvorstellungen/judentum.html
- http://www.judentum-projekt.de/religion/juedischerlebenskreis/tod/
- http://www.br.de/themen/religion/religion-tod-weiterleben-weltreligion-judentum-100.html
- http://www.religionen-entdecken.de/lexikon/t/tod-im-judentum

BEI GRIN MACHT SICH IHR WISSEN BEZAHLT

- Wir veröffentlichen Ihre Hausarbeit, Bachelor- und Masterarbeit

- Ihr eigenes eBook und Buch - weltweit in allen wichtigen Shops

- Verdienen Sie an jedem Verkauf

Jetzt bei www.GRIN.com hochladen und kostenlos publizieren